Jan Kuhl & seine Schulkinder

Geburtstag haben ist sooo schön

arsEdition

In der Nacht vor dem Geburtstag tre ich durch

Geburstag ist der reinste Stress, weil man nie weiß ob das wetter gut wird

man hat nur ein mal im Jahr geburtstag. das ist Schade

Zu einen richtigen Geburtstag gehören auch viele Geschenke.

Geburtstag haben ist ein bischen wie Weinachten, nur onne den Baum

In der Nacht vor dem Geburstag kann man nicht so gut schlafen, weil einm dann dauernd die Geschenke durch den kopf fliege

Zum geburtstag kriekt man viele Geschenke und feiert bis in die Puppe

Wenn ich entscheiden dürfte soll die ganze Welt mir Geschenke geben, dann hab ich ganz viele.

Ich weiß manchmal gar wo ich die ganzen Geschenke in meinem Zimmer überhaupt noch hinräumen sol

Am Geburtstag krieg ich von ganz vielen Leuten Geld und wenn ich groß bin bin ich reich

Von dem Geld kauf ich mir ne Bläästäschen

Von den Kindern krieg ich meistens was zum Spielen und von den Großen eher was zum anzihn, weil die sich mit Spielchend nich so gut auskenn*ee

Nervig ist wenn die Eltern immer nur Klamotten schenken.

naja

und wie gefallen dir die Klamotten?

Wer geburtstag had muss auch imme ein guter schauspieler sein, weil einem schließlich nicht jedes Geschenk nicht gefelt

Geschongke   die mam hat
schon hat kanman
Auf dem FlomarKt wider
verkaufen

Danke!!

Flomarkt

verliebte brauchen Keine
Geschenke zum
geburtstag

Weil die mietsich selbst
total zufrieden sind

Wer geburtstag hat kriegt zawar viele Geschenke, aber muss auch alle Gäste durchfütten

Selbst bei meiner Katze feiern wir den Geburtstag.

Hundebabies haben auch geburtstag, aber die feiern den nicht

Das Gute am Geburtstag ist dass ich keine Hausaufgaben machen muss

ich finde es schön wenn die Leute einem dann was vorsingen, auch wenn manche überhaupt nicht singen können

wenn die Mama am geburtstag was getrunken hat, fängt sie oft an zu singen - das findet der Papa voll nävig

An seinem Geburtstag muss man sich schön anziehen,

weil die Leute sonst denken, das man gar keinen Geburtstag hat

Papa sagt an seinem Geburtstag immer, er ist jetzt noch schöner als vorher - auch wenn das nicht stimt

Meine Mutter malt sich an Geburtstagen imma besonders viel an, weil sie hüpsche sein wil als alle anderen Geste

Wenn berümte Leute
jüngere ausehen wollen
lassen die sich lüften

Wenn man älter
wird kriegt mans
an die Bandscheibe

wenn meine mama Geburtstag hat bringt der Papa ir das Früstug ans Bett und binde sich eine Krawatte an

Jedes Jahr an ihrem Geburtstag verspricht der Mann der Frau das er ihr ewig treu bleibt. und das und das er ihr sein Herz schenkt

In der Nacht vor dem Geburtstag nervt die Frau den Mann so lange bis er ihr das Geschenk verratet.

Männer schencken frauen Pafüm damit sie besser richen

Mädchen feiern am liebsten Mädchen Geburtstag und Jungen mit Jungs, weil Mädchen nich so gerne Fußball spielen und besser mit Barbis und schminken auskennen.

Wenn Mädchen älter werden werden die Ziegik.

Am Geburtstag trinken Männer meistens Bier und Frauen ein Glas Wein, weil die das so gewöhnt sind

Wer die kerzrn nicht ausgeblasen krigt, muss die Geschenke wider zurück geben

am bästen find ich imma die Schatzsuche, weil man da einen echten Schatz finden kann

Das Beste ist das man alle wieder sieht

Erst kratuliren einem die Gäste und dann fahlen sie über die Torte her

Wenn die Gäste weg muss Mama zuerst das ganze Chaos beseitigen

geburtstag ist so ein kleines bisschen wie verlibt sein

Ich vül mich wie ein Engel

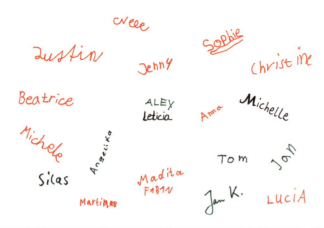

© 2011 arsEdition GmbH, München
Alle Rechte vorbehalten

Text und Illustration: Jan Kuhl & seine
Schulkinder, Dernbachschule, Herborn

Printed by Tien Wah Press
ISBN 978-3-7607-6690-4

www.arsedition.de